Cornelia Haas · Ulrich Renz

Min allra vackraste dröm

Mój najpiękniejszy sen

Tvåspråkig barnbok

med ljudbok och video online

Översättning:

Narona Thordsen (svenska)

Joanna Barbara Wallmann (polska)

Ljudbok och video:

www.sefa-bilingual.com/bonus

Fri tillgång med lösenordet:

svenska: **BDSV2831**

polska: **BDPL2521**

Lulu kan inte somna. Alla andra drömmer redan – hajen, elefanten, den lilla musen, draken, kängurun, riddaren, apan, piloten. Och lejonungen. Även björnen kan nästan inte hålla ögonen öppna ... Du björn, kan du ta med mig in i din dröm?

Lulu nie może zasnąć. Wszyscy inni już śnią – rekin, słoń, myszka, smok, kangur, rycerz, małpa, pilot. I lwiątko też. Misiowi także, już prawie oczy się zamykają ...

Misiu, zabierzesz mnie do twojego snu?

Och med det så finner sig Lulu i björnarnas drömland. Björnen fångar fisk i
Tagayumisjön. Och Lulu undrar, vem skulle kunna bo där uppe i träden?
När drömmen är slut vill Lulu uppleva ännu mer. Följ med, vi hälsar på
hajen! Vad kan han drömma om?

I już jest Lulu w misiowej krainie snu. Miś łowi ryby w jeziorze Tagayumi. A Lulu dziwi się, kto mieszka tam w górze na drzewach?

Gdy sen się kończy, Lulu chce jeszcze więcej przeżyć. Chodź ze mną, odwiedzimy rekina! O czym on śni?

Hajen leker tafatt med fiskarna. Äntligen har han vänner! Ingen är rädd för hans spetsiga tänder.

När drömmen är slut vill Lulu uppleva ännu mer. Följ med, vi hälsar på elefanten! Vad kan han drömma om?

Rekin bawi się z rybami w berka. Nareszcie ma przyjaciół! Nikt nie boi się
jego ostrych zębów.

Gdy sen się kończy, Lulu chce jeszcze więcej przeżyć. Chodź ze mną,
odwiedzimy słonia! O czym on śni?

Elefanten är lika lätt som en fjäder och kan flyga! Snart landar han på den himmelska ängen.

När drömmen är slut vill Lulu uppleva ännu mer. Följ med, vi hälsar på den lilla musen! Vad kan hon drömma om?

Słoń jest lekki jak piórko i umie latać! Zaraz wyląduje na niebiańskiej łące.
Gdy sen się kończy, Lulu chce jeszcze więcej przeżyć. Chodź ze mną,
odwiedzimy myszkę! O czym ona śni?

Den lilla musen är på ett tivoli. Mest gillar hon berg- och dalbanan.
När drömmen är slut vill Lulu uppleva ännu mer. Följ med, vi hälsar på
draken. Vad kan hon drömma om?

Myszka przypatruje się wesołemu miasteczku. Najbardziej podoba jej się kolejka górska.

Gdy sen się kończy, Lulu chce jeszcze więcej przeżyć. Chodź ze mną, odwiedzimy smoka! O czym on śni?

Draken är törstig av att ha sprutat eld. Hon skulle vilja dricka upp hela sockerdrickasjön.

När drömmen är slut vill Lulu uppleva ännu mer. Följ med, vi hälsar på kängurun! Vad kan hon drömma om?

Smok jest spragniony od ziania ogniem. Najchętniej wypiłby całe jezioro lemoniady.

Gdy sen się kończy, Lulu chce jeszcze więcej przeżyć. Chodź ze mną, odwiedzimy kangura! O czym on śni?

Kängurun hoppar genom godisfabriken och stoppar sin pung full. Ännu
fler av de blåa karamellerna! Och ännu fler klubbor! Och choklad!

När drömmen är slut vill Lulu uppleva ännu mer. Följ med, vi hälsar på
riddaren. Vad kan han drömma om?

Kangur skacze po fabryce słodyczy i napycha swoją torbę do pełna. Jeszcze
więcej tych niebieskich cukierków! I jeszcze więcej lizaków! I czekolady!
Gdy sen się kończy, Lulu chce jeszcze więcej przeżyć. Chodź ze mną,
odwiedzimy rycerza! O czym on śni?

Riddaren har tårtkrig med sin drömprinsessa. Oj! Gräddtårtan missar!
När drömmen är slut vill Lulu uppleva ännu mer. Följ med, vi hälsar på
apan! Vad kan han drömma om?

Rycerz i jego księżniczka toczą bitwę na torty. Och! Tort śmietankowy nie trafił do celu!

Gdy sen się kończy, Lulu chce jeszcze więcej przeżyć. Chodź ze mną, odwiedzimy małpę! O czym ona śni?

Äntligen har det snöat i aplandet! Hela apgänget är helt uppspelta och gör rackartyg.

När drömmen är slut vill Lulu uppleva ännu mer. Följ med, vi hälsar på piloten! I vilken dröm kan han ha landat i?

Nareszcie spadł śnieg w krainie małp! Cała zgraja małp jest całkiem poza sobą i urządza przedstawienie.

Gdy sen się kończy, Lulu chce jeszcze więcej przeżyć. Chodź ze mną, odwiedzimy pilota! W jakim śnie on wylądował?

Piloten flyger och flyger. Ända till världens ände och ännu längre, ända till stjärnorna. Ingen pilot har någonsin klarat av detta tidigare.

När drömmen är slut så är alla väldigt trötta och känner inte för att uppleva mycket mer. Men lejonungen vill de fortfarande hälsa på. Vad kan hon drömma om?

Pilot lata i lata. Aż na koniec świata i jeszcze dalej, aż do gwiazd. To, nie udało się jeszcze żadnemu innemu pilotowi.

Gdy sen się kończy, wszyscy są już bardzo zmęczeni i nie chce im się nic więcej przeżyć. Ale chcą jeszcze odwiedzić lwiątko. O czym ono śni?

Lejonungen har hemlängtan och vill tillbaka till sin varma mysiga säng.
Och de andra med.

Och där börjar ...

Lwiątko tęskni za domem i chce wrócić do ciepłego, przytulnego łóżka.

I inni też.

I wtedy zaczyna się ...

... Lulus
allra vackraste dröm.

... najpiękniejszy sen Lulu.

Författarna

Cornelia Haas föddes 1972 nära Augsburg (Tyskland). Efter utbildningen som skylt- och ljusreklamtillverkare studerade hon design vid Münster yrkeshögskola och utexaminerades som diplom designer. Sedan 2001 illusterar hon barn- och ungdomsböcker, sedan 2013 undervisar hon i akryl- och digitalmålning vid Münster yrkeshögskola.

Ulrich Renz föddes 1960 i Stuttgart (Tyskland). Efter att ha studerat fransk litteratur i Paris tog han läkarexamen i Lübeck och var chef för ett vetenskapligt förlag. Idag är Renz frilansförfattare, förutom faktaböcker skriver han barn- och ungdomsböcker.

Gillar du att måla?

Här kan du hitta bilderna från berättelsen för färgläggning:

www.sefa-bilingual.com/coloring

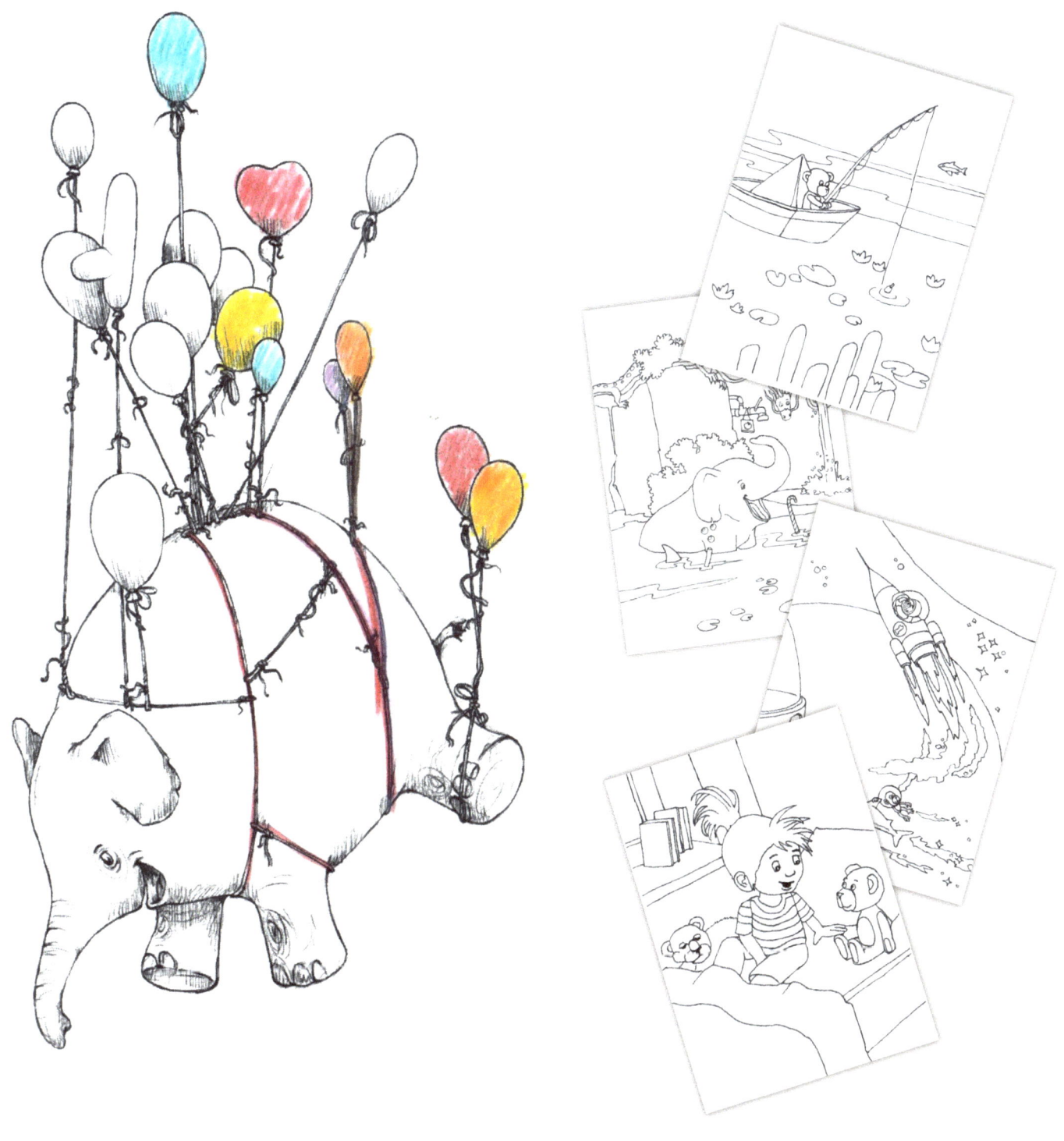

Sov gott, lilla vargen

För barn från 2 år

med ljudbok och video online

Tim kan inte sova. Hans lilla varg är borta! Glömde han den utomhus kanske?
Tom ger sig alldeles ensam ut i natten – och får oväntat sällskap...

Finns på dina språk?

► Fråga vår „språkassistent":

www.sefa-bilingual.com/languages

De vilda svanarna

Efter en saga av Hans Christian Andersen

För barn från 4-5 år

„De vilda svanarna" av Hans Christian Andersen är inte utan orsak en av värdelns mest lästa sagor. I tidlös form har den allt det som tema som mänskligt drama är gjort av: Rädsla, tapperhet, kärlek, förräderi, separation och återfinnande.

Finns på dina språk?

► Fråga vår „språkassistent":

www.sefa-bilingual.com/languages

© 2024 by Sefa Verlag Kirsten Bödeker, Lübeck, Germany

www.sefa-verlag.de

Special thanks for his IT support to our son, Paul Bödeker, Freiburg, Germany

ISBN: 9783739963501